꽃잎 얼굴

꽃잎 얼굴

노
희
주
　시
　집

빛남출판사

• 작가의 말

어린 시절부터
늘 나 개인이 아니라
우리는 함께라는 생각으로
모두를 안아가면서
생활해 왔습니다

때문에 생각이 많아졌고
그때그때의 작은 메모가 모여서
한 권의 첫 시집으로 이어졌습니다

부족하고 미비한 점이 많을 것이라 사료되지만
부끄러운 마음으로 세상에 내어놓습니다

노 희 주

작가의 말 • 4

# 1부

소리 • 13
가을에 • 14
부모님 은혜 • 15
시집가는 막내 • 16
괴정 빨래터 • 17
일흔이 되니 • 18
겨울나무 • 19
찾아가는 고향길 • 20
가을이 오는 소리 • 21
엄마라는 말 • 22
할머니의 춤 • 23
환상의 가을 • 24
달빛 • 25
초록 • 26
인생 이모작 • 27
자매간의 담소 • 28
축제 • 29
시대적 바람 • 30
적막한 시골길 • 31
생일날 • 32
작은 텃밭 • 34
편백나무 숲길 • 35
맞이하는 추석 • 36

## 2부

자신을 보라 • 39
봉사하는 날 • 40
사람이 그리워야 사람이다 • 41
삶에 무슨 공식이라도 • 42
상담 • 44
아쉬운 시간 • 45
탄생 • 46
겨울 비 • 47
그리는 자연무대 • 48
기도 • 49
비 내리는 자정 • 50
섬김의 마음 • 51
아이들의 잔칫날 • 52
어머니 생각 • 53
오페라 이야기 • 54
울리는 뱃고동 • 55
초자라는 건 • 56
경자년 아침 • 57
긍정의 발상 • 58
매미 우는 깊은 밤 • 59
떠나는 마음 • 60
바다 마음 • 61
불광 • 62

# 3부

생각나는 내 고향 • 65
혼밥 • 66
노년의 합창 • 67
밤송이 추억 • 68
한 해를 보내며 • 69
농촌 아침 • 70
깊은 경륜 • 71
올케의 미소 • 72
외손녀 졸업식 • 73
원적에 드신 틱낫한 스님 • 74
그리는 마음 소리 • 75
세종회관 최연소 음악회 • 76
춤추는 오후 • 77
가족 같은 이웃사촌 • 78
친구 생각 • 79
고추잠자리 • 80
그리운 자갈길 • 81
노년의 공동체 • 82
다이돌핀 • 83
한 송이 민들레 • 84
민심 • 85
15세 소년의 메아리 • 86
빗물 • 88

## 4부

가을엔 • 91
빨랫줄 • 92
입춘 • 93
세계를 지배한 코로나19 • 94
하늘 마음 • 96
꽃마을 저수지 • 97
맑은 기도는 언행 • 98
밝아오는 먼동 • 99
붉은 노을 • 100
밤하늘 • 101
꽃잎 얼굴 • 102
조부의 죽음 • 103
꽃바람 • 104
홀로 선 단풍나무 • 105
빤짝이는 해님 얼굴 • 106
아름다운 사랑 • 107
옛 생각 • 108
자업자득 • 109
잠드신 여래님 • 110
돌아보는 과거 • 112
좋은 날 아침 • 113
인생 골목길 • 114

해설_정익진 / 긍정의 힘, 언제나 희망 • 117

1부

# 소리

봄이 열리는 새싹 소리
담 너머 뛰노는 아이들
고목에 앉아 노래하는 매미
담장을 안고 기어오르는 넝쿨

아이들 키 크는 소리
바람 소리에 커지는 열매
익어가는 과일 숨쉬는 소리
너를 기다리는 소리

# 가을에

밤을 깨우는 아침이면
이슬을 머금고 소곤대는 작은 풀잎
촉촉이 적셔주는 하얀 고무신
따뜻한 가슴을 두드리는 계절

사방에서 손짓하는 나뭇잎
형형색색 차려입은 너의 자태
누구를 위한 울림일까
놀란 하늘도 시샘을 하네

바다가 하늘인지 하늘이 바다인지
쪽빛에 물든 하늘
시샘하듯 더 푸른 옥색 바다
출렁이는 물결에 수구여병守口如甁이로다

## 부모님 은혜

부모님 음덕으로 태어나
세상의 소리를 들었다

자연에 묻혀 살아온 오늘
생각 없이 지나온 날
지날수록 찾아온 울림이었다

허기를 면하는 간절함
부모님 생각 염원을 담아
지나는 시간에서 느껴오는 작은 마음

그것이 가장 행복한 시간인 것
그때의 모습이 큰 힘이 되었음을

작은 마음 모여서 별이 되고
하늘이 되어
세상을 빛내고 있다

## 시집가는 막내

따뜻한 날씨 훈훈한 아침
막내가 가야 할 시간이 왔다

그동안 함께한 마음도 담아
소지품에 담은 애정 둥지 만들어
너에게 보낸다

새로운 세상 새로운 둥지로
보석 같은 사랑 만들어 떠나는
첫 날갯짓

너의 빈방은 향취가 진동하고
예쁜 마음 밝은 미소
두고 간 그 그림자
온 방을 가득 채우고 있다

## 괴정 빨래터

옹기종기 마을을 흐르는 물
생명을 살리는 맑은 물 아래
마을을 형성한 고운 아낙네
토닥토닥 방망이 울리는 아침
빨랫감 들고 나와 씻고 가는 여인
소근대는 속삭임 마음의 쉼터
싸고 있는 가슴을 열고 있다지

도심의 중앙 좁은 쉼터에
집집마다 들고 나온 대야 안에는
빨래랑 함께 담긴 담소 덩어리
희희낙락 웃어대는 입꼬리도
해님이 웃는 듯 밝아진다
마음의 소리로 울리는 방망이
옷감보다 깨끗한 자신의 마음
작은 행복함을 담아 가구려

# 일흔이 되니

불현듯 느끼는 일흔의 나이
여여한 마음과 힘나는 두 어깨
타고 가는 바람에 인생의 미로
두둥실 떠가는 인생의 흔적

솟아나는 새싹 열매가 되어
세상의 자유로움 펼쳐가는 날
너와 내가 함께하는 인생의 흔적
공간에 묻혀 스며들어요

## 겨울나무

차가운 바람을 옷으로 삼아
꿋꿋하게 서 있는 겨울나무야
알 수 없는 생각을 묻어 둔 듯
거센 바람도 아랑곳없이
자신감 넘쳐 춤을 추어요

밤새 내린 하얀 눈 앙상한 가지
당당함을 보여주는 굳센 묘미
햇살에 못 이겨 눈물 흘려요
마른 땅을 적시며 울고 있어요
겨울잠을 자는 겨울나무는

## 찾아가는 고향길

국도를 진입하는 자동차
산맥을 잡고 가는 야산
홀연히 흐느끼며 고요함에 젖어
두메산골 오르는 나그네 되네

동네 앞 우뚝 선 정자나무는
그때나 지금이나 부도의 자태
마을의 주인으로 맞이하는 맘
반가운 새들이 종알거리며

정든 들판에 들어서면
풀냄새 흙냄새 진동을 하며
소탈한 향기는 시골의 맛
몸으로 젖는 자연의 향취

땅에서 얻은 곡식 감사히 받아
허기를 채워주는 저물녘
굽어진 허리 아랑곳없다
황금들판에 드리운 노을 붉은 날에

# 가을이 오는 소리

내리쬐는 태양열 가슴을 열어
더위 속 파고드는 강열한 침묵
길가의 민들레 함께하는 날
우뚝 솟은 가로수 반기는 아침
지저귀는 참새와 매미 장단은
사람의 마음을 달래고 있어
투쟁하는 열기 시원한 바람

익어가는 초록 열매 꽃물 들이고
오색빛 찬란하게 커지는 모습
흔들흔들 나뭇가지 무게를 줘
요동하는 작은 마음 달래준다
더위를 밀어내는 바람 소리는
희망의 소리
풍성한 열매 가을을 달고
환한 모습으로 나를 반긴다

## 엄마라는 말

푸른 하늘 바라보는 아침
왠지 잡다한 생각에 묻힐 때면
이유 없이 엄마를 부른다
엄마 소리만으로도 그냥 녹아내린다

힘들고 지칠 때도
원망도 미움도 함께 묶어 바쁘게 달려가는 나는,
엄마 부르며 한껏 풀어 놓으면
바다처럼 마음이 잔잔해진다

미세한 먼지까지 모두 털어 주는
엄마라는 이름
비가 오나 눈이 오나 태풍이 불어와도
끄떡없는 엄마,

사랑도. 돈도. 명예도 다 토해내는
요술 방망이 같은
세상을 바꾸는 거대한 천사같은,
우리 엄마

## 할머니의 춤

높은 무대 위에
살며시 올라가는 두 날개
할머니의 사랑이 날고 있다

할머니의 두 팔은
마음을 그리고
한 발 한 발 걷는 발은
세상을 그리는 붓

잘 살았노라 훨-훨
신명나는 세상

온몸으로 온몸으로
말하고  또 말한다

## 환상의 가을

더위를 훌쩍 넘겨
태양이 비로소 반가운 아침
단비의 얼굴 아쉬움 안고
산에는 새들의 환호성 소리
들에는 곤충들의 합창소리로
잠잠한 기후를 뒤집는 태풍

세상은 잔치로 요동하는군

갈아입은 갈색의 멋
요동하며 흐르는 물소리
불어오는 솔바람
가을을 조각하고 있다

온 세상 소리 들리는가
풍유를 전하는 이 가을의 소리

# 달빛

일몰이 지나간 어두운 밤
살며시 윙크를 해
고개를 들면서 웃고 있어

별들도 춤을 추고 있어
동서남북 흩어진 많은 별들이
마음을 그리며 춤을 추고 있어

높은 하늘 달빛은 나를 불러
고향을 물으며 나를 불러
향기를 품으며 나를 불러
온갖 시련 비추며 나를 불러

# 초록

쪽빛 물들인 높은 하늘
커져 가는 홍송 그윽한 향기
초록이 묻어 있는 숲속
내면 깊은 곳에서 솟아나는 환호성
굽이굽이 어울려 빠져드는 마음

지저귀는 산새 장단에
물소리 따라가는 바람
스미는 자연의 묘미
마음 꽃송이 되어
초록으로 함께 풍겨요

안정과 평온 주는 짙은 초록
당당한 자태 곧은 의지
사랑과 자비 스며 있어라
활짝 핀 생동감 하늘 우러러
용기와 패기 풍겨나는 초록 얼굴

# 인생 이모작

인생 후반기
60년 살아 경험한 일
일회용 그릇과 같은 인생길
지나간 시간은 연습이었지

삶의 맛이 서려 있는 이모작 나이
출발과 동시에 이어지는 삶
경험의 토대가 힘이 되어
지혜의 주머니 보물 주머니

향기가 묻어나는 삶의 흔적
오감으로 말하는 이모작 나이
회갑을 지나니 눈이 뜨이고
미세한 청각은 무게 있는 말

사물에 묻어나는 희망의 상표
말하는 음성에 향기 풍겨와
사랑과 행복의 의상이 되어
넉넉함 인자함 서려 있는 그 자태

## 자매간의 담소

어느덧 예순이 넘어
이마의 주름이 담긴 세월
왜 그래 엄마와 똑 같노
손에 익은 음식 솜씨
이불깃 다듬질 맵씨
엄마 냄새 가득해라

살림살이 익은 손
구석구석 다듬어
살아가는 지혜랑
삶의 연륜에 익어 있는 그 묘미
과거가 녹아 있는 현 시대상
엄마의 정서가 닮아 있더라

손맛에 익은 반찬
옛 생각 그리워라
향기에 젖어지는
그때 그 시절
사랑하는 자매간
함박웃음 만발해라

# 축제

산  넘어 숨어 있는 비밀 이야기
가슴 떨리는 기대가 되어
환상 속 마음그림 그리고 그려
꿈속 푹 빠져 옷을 입혀요

먼동 틀 때면 꿈 찾아가
헤메고 헤메는 부푼 가슴을
콧노래 부르며 신바람 되어
내면을 흔들어 요동한다오

즐겁고 기뻐 행복한 아침
오고 가는 발자국 바퀴가 되어
끌고 가는 수레 마음 용기도 좋아
온기를 품어내는 미소 띤 모습

## 시대적 바람

낙엽을 몰아온 겨울바람아
인정사정없는 냉철한 하늘아
한파로 몰고 간 쓰라린 가슴은
세파에 안겨준 냉혹한 자태다

절절함을 토하는 가슴 이야기
경직된 코로나 원망 못한 채
가족의 생계에 숨어 있다지

엄동설한 찬방에 이겨낼 현실은
경험 못한 현실을 어떻게 할까나

피눈물 흘리며 아리는 세상사
지혜의 문을 바라보는 간절함이여
겨울의 훈훈함에 젖게 하소서

## 적막한 시골길

사랑하는 부모 형제 살던 곳
덧없이 파란 하늘 아래
고즈넉한 언덕 사이 내미는 복사꽃
종달새 우는 소리 저려오는 마음

가시넝쿨 엉킨 들길에 자라난 찔레꽃
언니 오빠 손잡아 오르락내리락하던 길
옛정이 그리워 찾아간 고향
묻어진 마음을 상기하는 옛집

달이 가고 해가 가도 그때 그 모습
우뚝 솟은 당산 터주신 고목나무
구슬픈 까마귀 외로이 앉아
오고 가는 사람과 눈맞춤하네

## 생일날

평범한 나날이 반복되는 재미
삶의 의미는 할 일이 있는 것
밝아오면 눈뜨고 시 초를 따라
변화하는 물같이 쉬지 않고 흐르네

생활을 타는 리듬 잘도 다리고
눈뜨면 아침
앉으면 저녁
반복되는 그날에 달리는 세월
매년마다 찾아오는 생일이지만

매년마다 달라지는 세상사의 변화
정성과 사랑을 나타내는 꽃떡케익
팥앙금 재료로 온종일 만든 정성

지극한 정성에 움틀하는 내면
모양에 담긴 자녀들의 꽃사랑
심지와 반경에 수없는 마음
꼭꼭 심어 항하수 모래알 같다

먹어도 먹어도 끝없는 사랑
뇌파에 입력된 에너지까지
가득 채운 마음 포만감으로
떠도는 공기 입자 영원히 담겨

## 작은 텃밭

자욱한 안개 이른 아침
눈 비비며 나가시는 엄마
식구들 입맛 구미 맞추려
무언의 행동 찾아가는 텃밭

빛바랜 적삼 걸치고
탱자나무 울타리 나무를 넘어
자라난 나물과 대화를 한다
잘 자라 줘 고맙다는 인사

마음 전하는 엄마의 소리
정감이 가는 듯 반짝이는 잎
뿌리채 뽑혀주는 채소
기분 좋아 가득 채운 소쿠리

치맛자락 날리며 종종걸음에
우물가 앉아서 깨끗이 씻어
가족들 민생고 해결하는 마음
텃밭은 엄마의 영원한 친구래요

## 편백나무 숲길

마을을 싸고 우뚝 선 편백
언덕을 감싸 지키는 마을
반기는 자태 환상의 동료
진한 향기로 반겨주는 친구

세상을 희석하는 편백나무
하늘을 찌를 듯 활짝 편 가지
마음 나누며 풍기는 향취
사람 숨통 열어가는 피스톤 생명수

공기의 입자 자석을 달아
당기는 힘에 끌려드는 사람
새벽이면 찾아드는 모든 친구
누구든 좋아
사랑의 편백 숲길

## 맞이하는 추석

서산 일몰 바라보는 저녁
짙어 가는 어둠
하늘엔 별들의 축제날

높아가는 밤하늘
먼 곳 몰려오는 뭉게구름
가랑비 내리는 어두운 밤

들려오는 벌레소리 깊은 숲속
고요히 잠드는 자장가 노래
팔월 보름 맞이하는 하늘의 잔치

2부

# 자신을 보라

자신을 보라
바쁘게 생활하는 나날
자신을 잊고
아는 척 하는 척 겁도 없어라
변함없는 세월
타고 가는 인생 열차
보수 없이 여유 없이 흐르는 세월
후회가 올 것을 어떻게 알랴
올챙이 더운 물속에서 놀고 있는 모습
온도가 상승하면 자폭 되는데
겁 없이 사는 모습 애석도 하지
때를 놓쳐 후회한들 어찌 하리오
자신을 바로 알고 살아 가시게

## 봉사하는 날

해가 가려진 시원한 아침
차분한 마음으로 가볍게 봉사 가는 날
나눔의 일터로 떠나는 부안 오디밭
열정을 가슴에 새겨
다함께 봉사의 옷을 입었다

다양한 성품과 다른 모습이지만
한 곳의 목표, 마음이 같은 봉사자
삼매에 빠져가는 아름다운 자태
풍겨나는 향기에 젖는 날
하늘의 꽃비가 어루만져요

달려 있는 오디랑 술래잡기로
이쪽저쪽 잎 사이 매달린 채
봉사자 손길에 피할 수 없어
검붉은 옷을 벗어 버려
고요한 마음까지 물들인 오디밭

## 사람이 그리워야 사람이다

내가 세상에 태어나
잘하는 것은 그리워하는 것
어릴 땐 어른이 그립고
나이 들면 아이들이 그립고
여름이면 흰 눈이 그립고
겨울이면 푸른 바다가 그립고
헤어지면 만남이 그립고
사랑이 그립다

때론 돈도 그립고 어머니도 그립다
아들도 그립고 네가 그립고
또 내가 그립다
살면서 많은 사람을 만나
많은 사람과 헤어지기도 했다
어떤 이는 얼음처럼 차가웠고
어떤 이는 그냥 평온한 이도 있었다

사람이 그리워야 사람이다

## 삶에 무슨 공식이라도

왜 사느냐고
어떻게 살아가느냐고
굳이 묻지 마시게

사람 사는 일에
무슨 법칙이 있고
삶에 무슨 공식이라도 있다던가

그냥 세상이 좋으니
순응하며 사는 것이지

보이시는가
저기 푸른 하늘에
두둥실 떠다니는 한 조각 흰구름

그저 바람 부는 대로 흘러가지만
얼마나 여유롭고 아름다운가

진정 여유 있는 삶이란
나 가진 것 만큼 만족하고

남의 것 탐하지도 보지도 아니하고
누구 하나 마음 아프게 아니하고

누구 눈에 눈물 흐르게 아니하고
오직 사랑하는 마음 하나 가슴에 담고
그냥 그렇게 살아가면 되는 것이라네

남들은 저리도 잘 사는데 하고
부러워하지 마시게
깊이 알고 보면
그 사람은 그 사람 나름대로 삶의 고통이 있고
근심 걱정 있는 법이라네

옥에도 티가 있고
이 세상에 완벽이란 존재하지 않는다네

# 상담

조용히 생각하며 바라보는 마음
넓은 바닷물 출렁이는 모습
마음의 파도 멈춰진 날

밑에서 올라오는 마음의 길
소곤소곤 터져 풀어가는 실타레
가늘고 긴 실 풀어 가는 것
차곡차곡 담아가는 마음의 길

한참을 담고 담아 끝도 없어라
헛됨이 없어지는 그날 그 시간
사라진 번뇌 망상 그림자까지
한 알 마음의 씨앗 터져나오는구려

## 아쉬운 시간


나날이 반복되는 어린 마음
쏟아지는 정보 함께하는 날
즐기고 재미있는 시간 속
공유하는 놀이에 푹 빠져
연유가 낀 오월의 주말

가족과 함께하는 펜션놀이터
잔디를 밟으며 뛰어 놀아요
언덕을 오가며 신이 나지요
하늘을 찌를 듯 고함소리와
허파를 쥐어잡고 터지는 웃음

호호 하하 얼굴 근육 찢어지도록
전신을 던져 놀이하는 날
헤어지는 시간 아쉬워해요
순진한 어린이 변하는 표정
발길을 돌리며 쏟아내는 눈물

얼마나 얼마나 아쉬웠을까

# 탄생

입자가 자라 물체가 되고
살아 있는 모습 움직일 때
또 다른 생명 씨앗이 되어
영글고 익어 완숙이 되면
새로운 생명이 탄생한다

어둠을 밀어 떠오르는 태양
환희한 맘 밝음과 같아
탄생한 아가의 해맑은 미소
두근거리는 가슴 떨리는 마음
행복 주머니 가이 없어라

# 겨울 비

찡그린 하늘 따라가는 마음
찬 이슬 내리는 빗방울
자연을 청소하니
마음도 청정해라

바람에 쌓인  먼지
털어주고 씻어가니
맑아지는 두뇌
상쾌한 하루

움틀하는 굳은 땅
용트림하는 소리
맞이하는 이월 아침
전해오는 봄소식
이제는 패러다임이 바뀌었다

## 그리는 자연무대

일출에 쏟아지는 하늘의 울음
짙은 물안개 구름이 되어
하늘을 덮고 있는 대낮
영화 장막이 바뀌는 듯
침묵이 시작되는 평지다

보일 듯 말 듯 이어지는 안개
자연의 터널 뚫고 가는 자동차
울리는 경적소리 요동하는 비구름
흔드는 사람 마음 과묵한 표정
내리는 빗속을 달리고 있다

토닥이는 빗소리 춤추는 바람
나뭇잎 훨훨 날개를 달아
이 길 저 길 갸우뚱 허덕일 때
가을 주인 찾아서
우주의 그림을 스케치한다

# 기도

움직이며 찾아가는 자신
숨어 있는 내면 세계
영혼을 찾아 살펴
삶을 살찌우는 정성

미지의 길 찾는 마음
잡힐 듯 말 듯 무아로
별을 보며 절하고
달을 보며 기원하네

## 비 내리는 자정

자숙해진 한밤중 토닥이는 빗소리
잠자는 지구와 요동하는 밤하늘
받은 열 온기에 살아나는 곤충들
깊은 산 나무들 만족하는 흐뭇함

저장한 수분 식물의 뿌리
자연의 소리 함께한 우린
보충된 건강 편해진 마음
감사한 생명 만족한 희열

깊은 골짝 계곡 흐르는 음율
흙물 냄새 진동 향긋한 공기
세포들의 낙원 별개가 아닌
시원하고 편한 자연과 함께

## 섬김의 마음

잠에서 깨어 하루가 시작되는 아침
반가운 얼굴의 아침 인사
마음의 문이 열리는 좋은 날

섬김의 마음 통하는 표정
포근하고 온화한 밝은 얼굴
해님보다 따뜻한 온기가 흘러
삶의 의미를 더해 주구려

섬김의 마음은 새싹이 나고
성숙되는 나무에 꽃이 피어
완숙한 열매 익은 마음은

온기를 더해 주는 화롯불처럼
포근한 이불 속 담소가 되어
이웃 사랑 함께하는 오늘

## 아이들의 잔칫날


더우면 더운 대로 좋아하는 아이들
물놀이 분수대 찾아가는 축제날
밤잠을 설치며 챙겨가는 도구
수영복 물총은 필수가 되고
엄마 아빠 손잡고 입장하는 공원
아이들이 즐겨찾는 미로 속 동굴
부푼 가슴 가득 담아 열기 넘쳐요

반짝이는 눈망울 영롱도 해라
세상의 소리를 토해내면서
자연의 무대 위에 혼신을 받쳐
언니 오빠 형아들 손에 손잡고
철벅철벅 뛰어가며 춤을 춘다
공중에 물통 쏟아질 때면
폭포수를 기다린 듯 몰려와
우렁찬 고함소리 잔칫날 함성

## 어머니 생각

꽃피는 오월이면
찾아오는 어머니 소식
해 뜨는 아침 날아오는 까치
잠자는 마음 영혼을 깨우는 친구

해맑은 날씨 방긋 웃는 꽃송이
춤추는 바람 날아오는 향기
들려오는 소리 어머니 말씀
살금살금 다가오는 어머니 얼굴

그립고 그리운 어머니 모습
그 시절 그 자태 변함없어라
인자한 미소 하늘 같아요
소박한 자태 저려오는 마음

## 오페라 이야기

짙어가는 가을 비내리는 아침
오페라 이야기 관람하는 날
신나는 빗소리에 발을 적시며
음율 리듬에 빠져가는 몸

도심 속 정원 풍겨오는 금목수
취하는 향기 젖어가는 마음
자연의 조화 감사하는 은혜
행복과 사랑이 응집된 날

고요하고 웅장한 작은 놀이터
각색의 예술가로 등장한 곳
삶의 생사를 가름하는 표정
절절한 내공 휘날리는 무대

청아한 테너 흐르는 음색
바람으로 스며 역동하는 감성
정갈한 맵시 풍겨나오며
관중들 마음속 파고드는 가을 풍경

## 울리는 뱃고동

나르는 갈매기 울려오는 뱃고동
흐르는 구름에 장엄한 울림
심장을 두드리는 여운을 안고
부산의 자긍심 타오르는 불씨

바다를 안고 사는 행복함이
이 마음 쪽빛으로 물들이며
수평선 바라보는 영혼들
감사의 물결 바닷물이 되리라

존귀한 생명 모셔온 여객선
바다의 주인 되어 떠 있는 마음
감격에 둘러싸여 환호하는 모습
활짝 피는 웃음 바다를 두드린다

## 초자라는 건

시작이라는 말에는 신선함이 서려 있다
묵은 나무 새순 돋듯
마음속 움직임 터져 나온 시 한 줄
아침이란 시간의 선물

일출은 쪽잎 같은 꽃송이
동일하게 받은 아침이란 과일
매일 새로운 새날을 받아
탁해지지 않은 마음의 기도를 한다

일출은 생기를 전하는 통로
식물의 초입과 같이 탁 터진 광활한 가슴
하늘이 나눠준 찬란한 햇빛에
불어오는 바람처럼 마음이 피어나네

# 경자년 아침

기해년 보낸 경자년 새해
보내기 아쉬운 자연의 변화
운무에 가린 무거운 하늘
씻어가는 빗물 닦아 가는 세상

뜨는 해 바라보는 새 아침
상쾌한 기분 설레이는 마음
움트는 몸속 요동하는 느낌
굳은 땅 내밀어 솟아나는 새싹

가벼운 날이고 싶어
풍기는 흙냄새 자연에 묻혀
여미는 가슴 작은 씨 심어
간결한 열매 맺어 보리라

# 긍정의 발상

떨어진 기온 소중한 필수조건
평형 이루는 두 짝의 장갑
어느 날 외로이 남은 한 짝
괜스레 마음의 집착에 사로잡혀

칼날 같은 겨울바람 막을 수 없어
무작정 손에 잡은 또다른 장갑 한 짝
바른손엔 주황색 왼손은 검정색
시대적 감각에 달라진 패션

불편을 기회로 착안한 생각들
변화를 연출하는 발상의 효과
솟아나는 새로움 시대적 변화
윤택한 삶 만든 생활의 지혜

## 매미 우는 깊은 밤

여름의 끝자락 깊은 밤중
애절한 울음에 잠 못 이루어
얼마나 울런지 마음 저리며
자정이 되면서 멈추어진 울음

생명이 다한 시간 자정인가봐
매미의 애절함이 저려오는 날
고요히 사라지는 간절한 마음
다음 생 환생할 때는 사람 몸으로

조용히 잠든 날 소리쳐 봐도
듣는 이 없는 자연의 무대
나뭇가지에 걸려 있는 구름 같은 인생
얼기설기 어울려 살아나 보세

# 떠나는 마음

청명한 가을 머리에 이고
무엇이 남아 그렇게 오래도록
가족 옆에 두고 막혀 있는 형님
긴 한숨 쉬며 깜박이는 눈빛

그토록 한이 되어 20년을 투쟁해
결국은 떠나가는 세상
얼마나 애절하면 소리 없이 가는 맘
그래도 정성 받아 온몸 통한 눈빛

힘들고 불편해도 내심에 담아 놓고
긴 숨 한 번 쉬고 돌이켜 반성하며
지극한 사랑으로 간호한 가족애
떠나간 한순간 그 시간 애석해라

이 세상 못다 한 귀중한 일상사
저세상 망망대해 마음껏 누리며
한없는 여가 즐기는 시간 되어
나래를 빌며 행복 누리시길

## 바다 마음

높은 하늘 푸른 바다
푸른 맘 만들어
가득한 고운 미소
예쁜 얼굴 만들어요

감사 향기 풍기는
쪽빛 하늘 파란 얼굴
묻어둔 희망
날이 가고 달이 가네

# 불광

깊은 산 꼬불길 일념으로 찾는 곳
어둠을 녹여 빛으로 입은 옷
어리석음 밝혀 지혜 문 만들어
새 마음 살려 희망을 심는 곳

청정한 골짝의 맑은 하늘 머리 이고
반짝이는 별빛 마음에 담아
풍기는 온기 세상을 비추니
자신의 자긍심 당당한 자신감

자연의 힘 받아 탄생한 새 생명
하늘 꽃 웃음꽃 빛나는 무지개
마음 꽃 빛 장엄 퍼지는 세상 빛
정겨운 우리들 함께하는 세상사

# 3부

# 생각나는 내 고향

내 고향은 아늑한 깊은 산골
엄마 사랑 아빠 사랑 묻어 있는 곳
형제자매 함께 살던 정다운 고장
언제나 생각나는 두메산골 내 고향

꽃 피고 새 우는 좁은 골목은
돌담에 열린 호박 생각나는 담장
코 흘린 친구 찾아 소곤대는 미로
고요히 가는 길목 고즈넉한 언덕길

찔레꽃 젖은 향기 가슴에 담아
포근하고 아늑한 여유로운 고향길
이슬 맺은 들판에 나물 캐는 날
폴짝 뛰는 여치 잡아 노는 내 고향

# 혼밥

혼밥이 늘어가는 시대
무의식 투쟁이 되는 언어
21세기의 유행어
소리 없는 전쟁 코로나까지

척도가 변하는 지구의 지축
변한 기후 이상 기온에
난무하는 미세먼지
마스크로 쓸쓸함을 안고 인내하는 세상

들어도 어색하지 않은 셀프
군중 속의 고독 이기적인 사회
정감이 메마른 아파트 이웃
열린 맘 따뜻한 사랑이 그립다

## 노년의 합창

마음의 내비게이션
차분한 초겨울의 문턱에서
기온차를 정화하는 따뜻한 차 한 잔
정갈한 맵시 가냘픈 몸매
미소 가득한 표정과 두 팔
영롱한 눈빛과 전이된 멜로디

따라가기 바쁜 그대 목소리
허공을 그리며 춤을 춰요
거미줄 같은 음색 그리는 두 눈과 손

심장을 두드리며 끌고 가는 표정
화음의 장단에 환호하는 마음들

제각각 음색으로 요리를 해요
이리저리 끌려서 정화된 음색
정상에서 하산으로 곡선을 타고
일렁이는 바다처럼 파도가 되어
솟아나는 감정 흘러가는 마음소리

## 밤송이 추억

어린 마음 아주 커 보이는 뒷산 언덕
진한 갈색으로 익은 밤송이 추억
높은 가지에 입 벌려 활짝 핀 송이
언제나 떨어질세라 애타는 마음

조갑지 같은 작은 손 흔들어 본들
아이들 바람에 감질나는 애절함
세찬 바람으로 우두둑 머리 맞아
떨어지는 소리에 아픔도 간곳없고

풀속을 헤치며 알밤을 찾는다
최선을 다한 마음의 갈등으로
재미있고 신나는 보물찾기
풀잎 속 숨어 있는 알밤의 미로

행복함을 안겨준 어린 시절
손끝을 찌르는 가시도
아랑곳하지 않고 혼신 투구한 시절
불어오는 새벽바람에 마음 설레이네

# 한 해를 보내며

문득 떠오른 평범한 일
말하지 않고 언제나 필요한
바람과 태양 맑은 공기 물
어둠을 밝히는 태양도

더위를 식혀주는 우람한 나무
있는 듯 없는 듯 나누는 제자리
맑은 공기에 살아나는 새 생명
오늘도 감사하다

생명을 살리는 묘약의 피스톤
하늘의 멋을 내품는 쪽빛 하늘
자연은 사람을 끌고 가는 요술의 힘
날이 가고 달이 가도 변함없는 그 자태

한없는 에너지를 풍겨주는 소중한
삼천리 강산 묻혀 있는 보석
들어가는 나이에 절절한 느낌
오늘은 더욱 사랑하고 아끼고 싶다

## 농촌 아침

운무에 젖은 이른 새벽
잔잔한 물방울 달고 내린 은빛 이슬
녹아나는 마음에서 싹이 터
큰소리로 호흡하면 열리는 숨통

볼수록 정감 가는 아늑한 산기슭
반짝이는 햇살은 희망 달아 비추고
산들바람 타고 온 시원한 맑은 공기
고즈넉한 언덕 쉼터를 놓아

하심의 무게로 땅속 묻어
무거운 답답함 사라진 이른 새벽
풍선처럼 나르는 하늘을 바라보면
어딘가로 사라진 번뇌가 간곳없어

신선한 자연 공기 묘약이 되어
시골은 우리에게 생명체를 줘
환한 미소 담아 싹을 틔우듯
새로움 심어 주는 아침

## 깊은 경륜


어느 날 그대와 대화할 때
익어진 깊은 경륜을 느끼면서
심금이 울리는 가슴은
높은 환심이 솟아나와
절절함을 그려본다

새겨 가는 속마음
심장 박동 멈출세라
세상은 청산이요
극치는 월출인데

자고 나면 밝은 동력
돌아보면 서산 월출
어느덧 황혼 되니
종착역이 머지 않네

## 올케의 미소

시집온 지 수십 년 지나온 오늘
가끔 만나는 작은 담소에
색다른 가풍에 익숙한 지금
예쁘고 환한 모습 올케의 미소

공손한 맵씨 풍기는 교양미
시누이가 많아 불편함에도
언제나 상량한 말씨는
볼수록 대견함과 성숙된 주부

풋내기 시집살이 능숙해진 솜씨
익어진 요리 맛 환상적이고
볼수록 정이 가는 숙련된 올케
지나온 세월을 느끼는 감사함

집안의 주인으로 정갈한 환경
어느새 중년의 옷을 입어
대견함 넘치는 익은 맵씨
정감이 풍겨오는 다정한 가족애

## 외손녀 졸업식

조갑지 같은 손가락
꾀꼬리 같은 목소리
빤짝이는 눈빛에 빠져드는 할머니

정확한 발음 또박또박 하는 말
졸업식 행사 낭송 시
병아리가 쪼잘대듯 그 모습 귀여워라

개나리 피는 봄, 코 흘리며 찾은 곳
유치원 작은방 오밀조밀 앉아서
손잡고 뛰놀던 꼬마 친구 자매들

일 년 동안 자란 키 마음도 따라 크고
사랑으로 자란 아이 심성도 예뻐
백지에 물감처럼 선명하게 익힌 교육

성장 되는 길 꽃길이 되어
건강하고 재미있세 노래하며 배워보렴

## 원적에 드신 틱낫한 스님

먼동이 트는 새아침의 비보
세 수 96세로 원적에 드신 임인년
베트남 출신 정신세계의 노장
세계적 평화로 나누신 베풂

1995년 한국 방문으로 뵙게 된 인연
KBS 방송국 공개강좌 함께한 그때
마음을 깨우는 생활 명상의 가르침
조용한 말씀에 힘이 솟아나는 알림

깨어 있으라 신체로 표현해라
내면의 정신세계와 몰입하는 생활 습관
생활화시켜 평온한 정신의 위력을
알아차림을 강조하는 참 말씀을

소리를 내면서 부르는 동작 노래
깨어남이여 깨어남이여 내 맘 깨어남이여
피어남이여 피어남이여 내 맘 피어남이여
행하는 말씀은 살아나는 참 생명 유지였다

## 그리는 마음 소리


사르르 뚝 사르르 사푼
낙엽 소리 가을인가 봐
떨어지는 한 잎 한 잎
염원이 담겨 있지

잘 될 수 있다는 의미
하면 된다는 소리
건강과 행복을 내려

사박거리는 낙엽 밟으며
포근한 이불 밟듯
울렁이는 가슴은
내공이 열리는 기분이라지

모두가 시인이 되는 계절
부자가 따로 없어
쌓인 화폭 가을의 풍류로다

# 세종회관 최연소 음악회

임인년 새해 일월 희망의 소식
대통령 탄핵 사면된 지난해 연말
가벼운 마음 대성황의 기쁨이다

어린 신동의 재능을 발굴한 할아버지 기일날
청순하고 해맑은 음악성이 탁월한 정동원 천재
중 2년이란 청소년의 음악적 재능 발표회

기막힌 색소폰의 연주 울림의 메아리
세종회관 대강당을 장악하는 호소력
관중들의 혼이 집중되어 흔들리는 대강당은
역대 최초라는 의미가 큰 울림을 주었다

어린아이 답지 않은 효심은
온몸으로 나타내는 감성과 감정의 깊은 호소력
심안을 두드리는 방청객 마음에 큰 울림을 줘
두 시간 독무대를 장악한 천재적 신동

대한민국 자산으로 움직이는 대기업으로
마음을 희석하는 예술적 치유에
희망이 보이는 인재
우주 정동원 장하고 멋진 미래의 자산이다

## 춤추는 오후

창밖 나무 춤추는 날
팔다리 힘 빼고
가을바람 나무 함께
너울너울 춤을 춘다

먼 산 하늘과 구름
흔드는 맘
들로 산으로 바다로
손에서 손으로 춤추고 있다

마을 옆 늪에도
메뚜기 찌르기
반딧불 밑에서
덩실덩실 신나게 어깨춤 추고 있다

춤추는 가을 놀이
바람 함께 덩실덩실

## 가족 같은 이웃사촌


거리를 생각 없이 걷다 보면
이웃 사람과 기약 없이 만나
어릴 때 아이들의 학부형 친구 고모 등
수십 년 동안 변함없는 그 모습

마음은 그때나 지금이나 한마음
볼 때마다 반갑고 깊은 맘 사랑으로
함께 담소를 나누며 안부를 묻는다
동질성이 같아 오래도록 함께한 마음

세월이 흘러도 서로가 형제 같은 친구
반갑고 정감가는 편안한 이웃사촌
죽마고우 같은 이웃의 옛사랑
나이는 먹어도 마음은 새댁 같아

가족의 안부를 서로 나누는 대화
진한 장국 같은 구수함이 담겨
그리운 옛 친구 열리는 속마음
솟아나는 옛정에 에너지 솟아

행복한 저녁 시간 잊을 수 없어

# 친구 생각

종알대는 새소리
친구랑 얘기해
날아온 호랑나비
기쁜 소식 담아오네

산골짝 개울물
흘러가는 마음
어깨 짐 내려
맑은 눈빛 영롱해라

속삭이는 개울가
옛 친구 심어 놓고
다짐한 그 언약
언덕 위 올려

하늘에 새겨 두고
땅에다 묻어
깊은 약속 다짐한
그 절 생각나네

그리운 그 모습
눈감으면 밝아오고
눈 뜨면 멀어지는
옛 모습 생각나네

## 고추잠자리

천고마비 알리는 고추잠자리
산 넘어 찾아온 가을 친구
황금빛 날개 달아 비행하는 날
새롭게 단장해 내미는 모습

매년마다 잊지 않고 찾아온 친구
무르익은 들판 곡식 액션을 하여
자극하는 마음 귀여운 얼굴
언제 훨훨 날아 볼까나

## 그리운 자갈길

능선 따라가는 작은 오솔길
담소 나눈 굽은 길
산길에 숨은 영양 몸속 스며들어

품어내는 피톤치드 가슴속 담아
풀리는 피로 생명의 보물섬
자극된 발바닥 전달된 건강

살려주는 세포 최고의 의사
메마른 아스팔트 굳어진 감정
편리한 시대 넘치는 영양

최악의 몸 변하는 형태
가까운 산길 찾아
자갈길 걷고 싶다

# 노년의 공동체

창문을 밝히는 동녘 하늘
마음도 몸도 가벼운 아침
노년의 익은 지혜 무게를 달아
도심의 공간 웃음이 가득

아름다운 노년 순박한 말투
옛 추억 먹으며 즐기는 한때
세상의 소리를 나누는 즐거움
모두는 박장대소 생동감 넘친다

석양의 붉은 노을을 바라보며
마음 실어 담소 나눈 한때
심금을 토해내는 시니어 기자
삶의 향기 넘쳐온다오

# 다이돌핀

최근 의학의 호르몬 발견의 최고
엔돌핀은 암 치료로 알려진 효과
사천 배가 넘는 다이돌핀
뇌하수체 호르몬이다

문인들은 감동하는 글을 쓰기에
감동할 일이 많다
각박한 현실을 초월한 예술인
다이돌핀을 안고 살아

감동의 옷을 입어 빠져든 사랑
작용하는 긍정의 물결
출렁이는 마음에 움직이는 감사
함께라는 공동체

소중한 당신의 용솟음에
오늘이 건강하고
내일은 감사
모두는 행복에 찬 다이돌핀

## 한 송이 민들레

따뜻한 봄 노크하는 바람
대문 앞 떨어진 작은 씨앗
시집온 새색시 숨어 버린 너
이슬 머금고 솟아난 떡잎

맞이하는 해 인사하는 미소
해맑은 맘으로 유혹하는 얼굴
받아가는 잡념 작은 모습
사랑을 심어준 노랑 민들레

길 가던 사람 희망을 주며
소리 없이 웃고 있는 작은 꽃송이
암울한 마음 일깨워줘
삶의 용기 전하는 민들레

# 민심

넓은 바다 한 방울 물같이 미미한 힘
조용히 내리는 가랑비 같은
자연의 질서에 함께 가는 것
기다리며 생각하고 여유로워

조용히 앉아 쉬는 듯
멸할 수 있는 거대한 입자
민심을 알아야 세상을 알고
자신을 알아야 민심이 보인다

담기도 어렵고
뭉치면 태산도 넘는다
모이는 밀알 대수가 되어
어느 날 갑자기 돌발하면

그 누가 막으리오
천심을 알아야 미래가 보여
민심은 천심이다

# 15세 소년의 메아리

빤짝이는 밤하늘을 바라보며
어린 가수 메아리 울리는 첫 앨범
타고난 재능을 발굴한 예지
할아버지 깊은 사랑 애절한 마음

애틋한 손자의 깊은 목소리
사랑이 그리움에 사무쳐
할아버지 색소폰 외치는 음률
다함께 감동한 울림의 소리였다

천재적인 예지를 발굴한 조부
잘 따라준 귀여운 손자
전화위복 되어 준 환경의 지배

소중함을 이어준 깊은 맘
모두에게 감동과 울림을 주었다

위기를 이겨내는 코로나19
손자의 진심 어린 감성

깊은 감동에 젖어드는 밤하늘

귀하고 당당한 자태는
굳어 있는 심지와 확실한 자신감
하늘의 진실 퍼져 울린다

그리움이 열려 있는 아낌없이 주는 나무
성숙 되는 손자가 바치는 사랑에
마음을 녹여내는 방청객의 환호성

# 빗물

땅을 적시는 빗물
마음도 함께 적셔
고갈된 대지 살리는 생명
기어가는 곤충들까지

촉촉한 빗물은 생명수 되어
세상의 질서를 잡아준다지
답답한 마음 숨통을 열어
솟아나는 화기 식히는 물

삶의 여유 찾아가도록
리듬 타는 빗소리
느끼는 안정감
평화로운 정신세계

쏟아지는 비
토하는 사자 장엄한 함성
천지가 개벽 되는 현상
그래도 우린 하늘의 도움에 살리라

4부

# 가을엔

검소하지만 누추하지 않고
화려하지만 천박하지 않은
화사한 가을이면 좋겠다

바람에 흔들려도 기풍이 있고
비가 내려도 젖지 않은
따뜻한 마음이면 좋겠다

흔들리는 갈대에 웃음을 달아
사랑한 님께 전해드리는
오늘은 그런 날이면 좋겠다

# 빨랫줄

도시의 빌딩 슬라브 3층 주택
지나는 길가 펄럭이는 옷자락
밀폐된 생활공간 콘크리트
보기 힘든 도시 펄럭이는 가족애

나부끼는 옷가지 가족을 말한 듯
길고 짧은 소매와 다양한 패션
바라보는 형태 개성 있는 옷가지
말하는 자신감 힘차게 나부낀다

묻어 있는 에너지 하늘을 나르고
당당한 자태가 옷가지에 서려 있다
일터에 노력한 자신감
사방을 바라보며 펄럭이는 여유

세상의 따뜻함이 나부끼는 향수
하늘의 예술 같은 연출
보기 힘든 자연의 조화
사랑이 묻어나는 가족애가 펄럭인다

## 입춘

겨울 남은 잔설
땅속 울리는 용트림 소리
뿌더덕 뿌더덕 갈라진 흙바닥
고개 든 새싹 연두색 얼굴

태양은 온기를 내려
찬 기운 바람 쫓아 버리고
따뜻한 온기 덮어준 이슬
움츠린 마음 따라 열려

겨울의 굳은 맘 노크를 하니
무거운 어깨짐을 내리며
열리는 현관문 불나는 경첩
소리 없는 박수 응원을 해요

## 세계를 지배한 코로나19

2020년 새봄을 맞이할 때
미세 바이러스의 의아한 소식
예기치 않게 생명을 장악하기 시작
예방을 준비하는 국민의 관심

잠자던 방심을 자극하는 적신호
하나둘 감염에 곤두세울 때
일상을 흔들어 예민한 나날
마스크 대란에 혼비백산 되어

상상을 초월한 정신적 불안
무심코 지나던 청결의 예민함
신생아 어린이 청소년 전 국민 불안은
마스크로 생명 전쟁이 시작되었네

세계를 요동하는 코로나19
장엄한 위력이 발산된 오늘
공기의 입자처럼 단결된 청결
개인위생을 입지시킨 코로나

거대한 인구 개혁했다지
방심한 위생관리 예의 기본부터
누구도 하지 못할 세계 통일 코로나
코로나가 심어준 개인 위생 통일을

## 하늘 마음

단풍을 바라보니 비치는 쪽빛
숨어 있는 하늘 궁금한 마음
떠 가는 구름 친구 같은 바람
그리운 생각 청명한 하늘인데

간간이 트집 잡아 호통치는 비바람
세상을 흔들어 요동하는 태풍
몰아치는 거센 힘 누구도 못 막는다
안절부절 생명이 하늘을 원망하니

순간을 참고 나면 온화한 가슴 같아
희망 주는 푸른 하늘 젊음의 용기
끝없이 보내 주는 하늘 마음 알고 싶어
나 죽어 환생하면 하늘 맘 알까나

## 꽃마을 저수지

낮은 산자락 운무가 서려 있는 산
장대 걸어도 맞닿을 수 있는 능선
보슬비 내리는 겨울의 오전
차분한 맘 심지가 뚫리는 듯

우리 함께 모여 나누는 대화
산과 물과 함께 오감을 교류하듯
흙냄새 어우러진 나무 향취
탁한 기 희석되는 피톤치드
청아한 저수지 연못 같은 생명수
도심의 화기 식혀 주는 숨통
울적한 맘 살려주는 자연 치유
축축한 땅을 밟은 겨울 아침

발가벗은 나뭇가지 울고 있는 산새
울리는 화음 심장 소리 박동하니
맑아지는 세포 편안함에 젖어
새로운 환경에 온몸을 씻어가네

# 맑은 기도는 언행

감사하고 고맙고 사랑하고
나날이 행복하고 즐겁다
후회 없는 마음 넉넉한 자유로움
기쁨과 순수성에 굳혀

자연의 힘을 **빼**지 마라
자연은 자원인 걸
비교는 시샘과 열등감을 낳는다
자신답게 순수성으로

작고 적은 것에 소중해라
영성의 작은 빛이 되어
자신을 밝혀
자연의 소중함에 감사하더라

## 밝아오는 먼동

먼동이 밝아 온다
그대 보낸 빈자리
무엇으로 채울까나
지난 삶 표적 달아 망망대해 띄울까나

자연을 이불로
헤쳐 온 그 투지
힘들고 장한 삶
헛되지 않을 것에

장대에 걸어 두리
경륜에 담은 삶
후회 없는 자부심

허공에 걸어 두고
가슴에 새기면서
일몰을 바라본다
지나온 흔적을…

# 붉은 노을

저무는 서산 사라지는 태양
짙어진 어둠에 빛나는 붉은 노을
울리는 종소리 강물에 스며들어
사라진 마음 손잡아 갈 때

운무에 덮힌 달 그림자
심오함 알리듯 감추는 자태
강물은 여여하게 흐르며
빠져 가는 고요함 함께 어울려

은은하게 울려오는 저녁 종소리
붉은 노을 함께 두드리는 마음
황홀에 빠진 연인들같이
숙연하게 스며오는 울림의 몸부림

## 밤하늘

어둠이 짙은 높은 하늘
누구인 듯 다가오며 나를 부른다
소곤대며 흔들리는 달 그림자
마음을 만지듯 바시락 바시락

고개 들고 바라보는 나의 영혼도
빤짝이는 별들과 함께하는 듯
손짓 발짓 나누는 작은 동작들
움직이는 모습은 영혼의 춤이로다

깊은 골짝 물소리 장단 소리는
숨죽이고 서 있는 장송 나무에
한 소절 흐르는 자장가 되어
쉬엄쉬엄 품어내는 깊은 산 피스톤

## 꽃잎 얼굴

바람 부는 날이면 미소짓는 표정
이모저모 비비며 곁눈질하고
내리쬐는 태양 깜박이는 모습
예쁜 맵시 만들어 자태를 봐

푸른 잎 사이마다 숨박꼭질하며
산새 불러오는 향긋한 얼굴
지나는 사람 향기에 취해
감탄하는 고성에 깜짝 놀란 산새

종알대는 참새 따라 웃으며
무언에 통하는 응집된 꽃
굳은 표정 따라가는 미소
서로가 서로에게 꽃잎 얼굴 닮았다네

활짝 핀 꽃송이 따라 웃는 사람 마음
요란한 환호 북새통 터질세라
산골짝 굽이마다 이구동성 모여서
치솟는 웃음에 세상이 밝아져

## 조부의 죽음


맑고 귀한 눈빛을 보며
고이 키운 손자 재능
십 대 재능 발굴한 조부님 지혜
심금을 울려 쏟아낸 귀한 노래

트로트 신동 만든 할아버지
세 살 어린 아가 눈빛
보석 같은 내공 고이 만들어
예능 무대 우뚝 세우셨네

귀한 손자 중등 예술교 선도자 답게
심장 같은 조부님 희망을 걸어
당당함을 내품는 백옥의 함성
천하에 울려 퍼져 위료 받는 마음들

순박한 표현 감정 구슬을 달아
감대밭 풀잎 같은 유연한 매력
영롱한 이슬 같이 스며오는 날
심장을 두드리는 색소폰 소리였네

# 꽃바람

불변의 마음
출렁이는 파도 소리
알았다고 손짓하는
갈매기떼 요란해요
깨우는 아침 태양
솔바람 향기 나는
끌리는 맘 오르는 산책길

반가운 듯 날리는 쌓이는 꽃잎
감탄의 비명 용솟음치고
흙냄새 풀냄새 꽃향기

깨우는 영혼 자연의 묘미
아침이면 생각나는
먼 산 바라보는 내 맘 행복해라

쌓여가는 가랑잎 발밑 놀아도
본연의 모습 후회 없는 자태
이리저리 날아서 제자리에 앉아

흐르는 빗물이 안아가는 그 모습
내년의 꽃을 피우기 위하여

## 홀로 선 단풍나무

오가는 길목 홀로 선 나무
누군가 외면한 듯 결핍된 자태
나무 벌레가 아주 많아
애닯은 눈길 떠나지 않아

나무 막대 가져가 잡아준 마음
생명의 아린 맘 어쩔 수 없어
하나둘 비벼서 잡고 나니
숨통이 터진 듯 한숨이 나네

하루의 막을 내린 일몰을 맞아
가벼운 몸이 된 단풍나무는
고통을 벗어난 안일한 모습
바라본 달빛에 자랑할거야

벗어난 고통 살 것 같아
벌레에 싸여 말 못할 신세
높은 하늘 달님께 말하고 싶어
사지에 묶인 몸 해탈했다고

## 빤짝이는 해님 얼굴

생활의 변화 오염된 하늘
날아다니는 황사에 숨어드는 해님
바람이 발을 달아 운무에 가린 채
활짝 웃는 해님 보고 싶다지

무거운 먹구름 울고 있는 하늘비
밤새도록 흘러내린 슬픈 가랑비
토해낸 가슴 열리는 이른 아침
반짝이는 해님 좋아한다네

씻어간 빗물 감사히 인사하고
따라 웃는 나의 맘 상쾌하다지
신나는 하루 영원히 간직해
불변하는 나날로 기원하면서

## 아름다운 사랑

사랑은 침묵의 표시라지요
진정 바라봄이 사랑이지요
따뜻하고 그리운 그 모습
그대를 염원하는 그 마음

홍수와 태풍에도
묵묵히 지키는 그 자리가
진정한 사랑의 표시랍니다

그대가 그립다고 말하지 않아도
반짝이는 눈망울을 바라볼 때면
두 눈에 새기는 사랑의 미소
살며시 바라보는 그 자태는

웃음을 가득 담은 묵묵함이여
세파에 변함없는 반석에 앉아
살아 있는 그 자리
진정한 사랑의 의미인 것을

# 옛 생각

산골짝 개울물 마음 따라 흘러
어깨 짐 내려 맑은 눈빛 영롱해라

속삭이는 개울가 옛친구 심어 놓고
다짐한 그 언약 언덕 위 올려

하늘에 새겨 두고 땅에다 묻어
깊은 언약 다짐한
그 시절 생각나네

종알대는 새소리 친구랑 얘기
날아온 호랑나비
기쁜 소식 담아 오는

그리운 그 모습
눈 감으면 밝아오고
눈 뜨면 멀어지는 옛 모습 그립구나

## 자업자득

살아야 한다는 생명
가려진 애착 서로 간의 탐심
필요한 에너지 가지는 본능
감사히 받아 즐기는 것

쓸쓸한 외톨이 뭉치면 좋은 삶
주고받는 사랑 나누는 정감
숨 쉬는 세포 윤택한 나날
자연의 귀한 자원 살리는 생명

어두운 작은 욕심 일어나는 투쟁
세상의 울림 듣지 못한 이명
조용히 앉아 쉬어 가는 날
찾아온 어둠 트이는 지혜

우주의 이치는 하는 만큼 받는 것
좋은 씨앗 좋은 열매 젖은 행복
투정대며 살아 온 삶 오염된 마음
거짓 없이 안겨준 자연의 순리로다

## 잠드신 여래님

맑고 맑은 화창한 오월
일요 법회 통곡 소리
하늘이 무너진 아침
언제나 고통 속에
중생과 나라를 지키시는 님
세월의 나이테를 남긴 채
말없이 잠드셨네

꽃 피고 새 우는 맑은 날
모두를 던진 채
평생의 지혜 남겨 두고
누구나 정진의 힘 길러
머리 숙여
땅속 묻어가는 마음자리
새싹 틔워 놓아

성장의 결실 담아 둔 보물
영원히 우리 곁을 떠나셨구려
화창한 높은 하늘

여래님 가신 날
그 무엇
가슴 깊이 파고든 그 말씀
세포 속 깊이 새겨

온몸 선율에 눈물나구나
세상의 법화 진리 깨우쳐 주신 님
사람답게 값지게 살라고 알려주신
태양 속 얼음처럼
모난 마음 깎아 놓아
세월의 나이테 만드신 그날
조용히 잠드셨네

# 돌아보는 과거

신축년 새해 아침
붉은 태양 황홀해 가는 맘
정신 차린 태양 최선을 다한 듯
여유와 풍류가 깊어진 사회생활

풍부한 물질에도 허덕이는 양
입은 옷 화려하고 굳어가는 표정
소박한 인정 마르는 허실
선배의 소중함을 잊고 사는 현대인

새해의 기쁨 숨어가는 내실
희망과 소중함을 덮어 놓아
내품는 언어 삭막함이 풍겨
따뜻한 봄날에 새싹 마음 심고 싶다

## 좋은 날 아침

맑은 하늘 푸른 바다를 가슴에 안고
청신녀 선남 선녀 만나는 가장 좋은 날
기쁘고 기쁘도다

백옥 같은 모습의 미소
두 사람의 따뜻하고 포근한 마음
어디선가 비치는 향기가 날아온다

하늘의 날개로 영원히 날으리
듬뿍 담긴 하나의 작은 사랑
겸손하게 담아 두어
아늑하고 작은 둥지로 머물러
사랑의 씨앗을 맺으리라
감사하고 감사한 이 마음
영원히 간직하리


*2013년 5월 4일 결혼식 날

## 인생 골목길

사노라면 굽어진 모습은 겸손의 미덕
숙이지 않으면 일할 수 없어
자세가 뻣뻣하면 교만스러워

집안 담장으로 굽어진 길목
정감 있고 온화한 모습의 상징
넉넉한 걸음을 걷게 하는 골목

여유와 공간을 겸비한 나들이
후미진 골목 안 사색하는 날
자신을 바라보며 자문자답을

어머니께 야단맞고 피하는 길목
한숨 쉬다가 되새기는 맘
자신을 다듬어 바라보는 자아

삶의 과정은 다양하지만
인생의 걷는 길도 부지기수라
사람의 모습에 스며있는 굽은 골목

해설

# 긍정의 힘, 언제나 희망


정 익 진 (시인)


1. 서문

노희주의 시편들은 긍정의 힘이 가득차 있고, 아무리 어려운 상황에서라도 희망의 에너지를 발휘하고 있다. 긍정적인 삶의 태도를 굳건히 지니고 있으며 세상의 모든 어려움을 포용하고 있다고 해도 과언이 아니다. 우리 보통의 범인들은 적어도 어두운 구석 한쪽쯤은 지니고 있기 마련인데 노희주의 시편에는 찬란한 햇살, 푸른 하늘, 하얀 뭉게구름, 떠다니는 하늘처럼 맑고 투명하기 그지없다. 현대를 살아가는 사람들, 특히 도심을 중심으로 살아가는 사람들은 항상 지쳐 있다. 항상은 아니더라도 다수의 사람들은 마음속으로 압박감 혹은 스트레스을 떠안고 살아간다 해도 과언은 아니다. 여러 요인이 있을 수 있겠지만 아마도 인간관계에서 오는 스트레스를 가장 큰 요인으로 꼽을 수 있을 것이다.

인간관계의 스트레스 중 첫째로, 상대에게 고마워하지 않는 것도 큰 요소로 자리한다. 고마워하지 않는다는 것은 상대방을 소중하게 여기지 않는다는 말이다. 받는 것을 당연하게 생각하고 반복되는 호의에 무감각해진다. 부모님이 주시는 사랑을 당연하게 여기듯, 옆에서 내 일을 도와주는 동료의 존재를 너무나 당연한 것으로 여긴다. 부모님도 그렇고 친구들에게도 그렇고 내 옆에 있어주는 걸 당연하게 생각하는 경향을 말한다. 이렇게 고마워하지 않는 관계는 결국 좋은 관계로 발전하기 힘들다.

이와 연관하여 또 하나의 경우를 들자면, 서로가 진실하지 않은 마음으로 소통하기 때문에 인간관계가 힘들어진다는 것을 사람들은 잘 인식하고 있지 않다는 것이다. 겉말만 번지르르하게 해서는 진정한 인간관계가 성립할 수 없으며 조금의 인간관계가 이루어진다 하더라도 사상누각, 곧 허물어지게 마련이다.

  과연 나는 상대방을 진실한 마음으로 대하고 있을까. 하고 싶은 말을 여과 없이 내뱉는다고 해서 진실한 것은 아닐 것이다. 우리는 어쩌면 그동안 진실된 마음이 뭔지 잘 몰랐기 때문에 서로 상처를 주고 상처를 받는 인간관계를 맺을 수밖에 없었던 건 아닐까. 말하자면 싫은데도 좋은 척, 착한 척, 괜찮은 척. 나 스스로 척하는 것들을 말함이다.

  고마워요, 미안해요, 괜찮아요를 살면서 가장 많이 했지만 그 중 진심으로 말했던 게 과연 몇 번이나 될까. 이중적인 잣대로 사람을 대하는 사람에게는 정이 들기 어렵다는 말은 당연하다. 나랑 있을 때 모습이랑 다른 사람과의 모습이 너무 차이가 난다든지, 위선적인 모습을 보면 어떤 모습이 그 사람의 진짜 모습일까 헷갈릴 때가 있지 않았을까. 그래서 결국 거리가 멀어지게 되는 것이다.

  따라서 노희주의 시편을 공유한다는 것은 시로가 고마워하는 마음과 진실된 마음으로 소통하는 것이다.

맑은 이슬을 바라보며 너와 내가, 서로가, 우리가, 행복의 순간들을 나누어 가지자는 공동체적 의식의 모범을 보여 주는 일이다. 또한, 어려운 순간에도 희망을 잃지 않는 삶의 태도를 유지하는 일이다.

## 2. 꽃잎의 미소와 사랑

바람 부는 날이면 미소짓는 표정
이모저모 비비며 곁눈질하고
내리쬐는 태양 깜박이는 모습
예쁜 맵시 만들어 자태를 봐

푸른 잎 사이마다 숨바꼭질하며
산새 불러오는 향긋한 얼굴
지나는 사람 향기에 취해
감탄하는 고성에 깜짝 놀란 산새

종알대는 참새 따라 웃으며
무언에 통하는 응집된 꽃
굳은 표정 따라가는 미소
서로가 서로에게 꽃잎 얼굴 닮았다네

활짝 핀 꽃송이 따라 웃는 사람 마음

요란한 환호 북새통 터질세라
산골짝 굽이마다 이구동성 모여서
치솟는 웃음에 세상이 밝아져

- 「꽃잎 얼굴」 전문

　바람에 꽃잎이 흔들리는 모습이 마치 사람들이 미소 짓는 것처럼 보인다. 꽃잎들이 모여 꽃밭을 이루고 여러 꽃잎들이 모여 여러 얼굴이 된다면 얼마나 아름다운 풍경이 펼쳐질 것인가를 상상해 볼 수가 있겠다. 꽃잎에서 풍겨 나오는 향기로운 향기, 사람들에게서는 아름다운 말소리들이 들려오는 듯하다. 꽃잎과 꽃잎이 서로 얼굴 맞대어 친밀감이 넘치고 향기 가득한 세상을 살아가려는 시인의 마음이 듬뿍 느껴지는 시들이다. 하지만 우리가 사는 세상은 꽃잎의 향기 가득한 세상은 아닌 듯하다. 나이가 들수록 순수를 잃어버리고 고정관념과 적개심에 휩싸여 남을 존중하지 않으려는 경우도 다반사로 일어나는 세상이다. 자신도 모르게 왠지 뻔뻔스러워지고 우연한 행운이나 바라고 누군가에게 자꾸 부담을 주려 한다. 우리의 삶이란 것이 나이듦과는 상관없이 더 많이 이해하고 배려하고 너그러워져야 하는데 오히려 아집만

늘어나 인간관계를 불편하게 한다. 우리가 어떻게 살아왔든 지금의 이 삶을 이왕이면 감사하게 받아들이고 만족하며 살아야 자기 주변에 평안함이 흐른다. "활짝 핀 꽃송이 따라 웃는 사람 마음" 이러한 마음으로 살아가는 것이 인용시에서 나타난 시인의 시각이 아닐까 생각해본다. 상대방에게 마음을 연다는 것은 무엇일까. 상대상을 신뢰하지 않고서는, 사랑의 마음이 없이는 사람의 마음을 열 수가 없다. 내가 먼저 열어야 상대방도 열리는 것이다.

> 사랑은 침묵의 표시라지요
> 진정 바라봄이 사랑이지요
> 따뜻하고 그리운 그 모습
> 그대를 염원하는 그 마음
>
> 홍수와 태풍에도
> 묵묵히 지키는 그 자리가
> 진정한 사랑의 표시랍니다
>
> 그대가 그립다고 말하지 않아도
> 반짝이는 눈망울을 바라볼 때면
> 두 눈에 새기는 사랑의 미소
> 살며시 바라보는 그 자태는

웃음을 가득 담은 묵묵함이여
세파에 변함없는 반석에 앉아
살아 있는 그 자리
진정한 사랑의 의미인 것을

- 「아름다운 사랑」 전문

 우리의 삶에는 과연 사랑이 충만할까. 우리는 사랑이 넘치는 시대에 살고 있을까, 아니면 사랑이 결핍한 시대에 살고 있을까. 사랑이 넘치는 듯이 보이지만 우리는 언제나 사랑의 결핍 속에서 살아간다. 종교상의 교리를 말하려는 것은 아니지만 그 내용이 너무나 올바른 것이어서 종교가 없는 사람에게도 쉽게 다가오는 말들이 있다. 성경의 잠언 중에는 이런 말이 있다.

 이웃과 이웃 간의 다툼, 친구와 친구와의 다툼, 부모와 자식 간의 다툼, 각기 다른 진영의 다툼, 이러한 모든 다툼은 사랑의 결핍에서 비롯된다. 미움은 단점만 보이게 되고 사랑은 장점만 보이게 된다. 나는 그 사람을 좋아하는데 다른 사람은 그 사람을 싫어하고 다른 사람은 그 사람을 좋아하는데 나는 그 사람을 싫어할 수가 있다. 따라서 내가 싫어한다고 해서 그 사람이 나쁜 사람이 아니며 내가 좋아한다고 해서 그 사람의 모든 것이 좋은 사람이 될 수 없다. 내게 미움이 있으면 그 사람의 허물만 보이고 내게 사랑이 있으면 그 사람의 좋은 점만 보인다. 미움은 다툼을 일으켜도 사랑은 허다한 허물을 덮느니라.

그뿐만 아니라 우리가 흔히 듣는 말 중이 다음의 말들도 성경 말씀이다.

'네 이웃을 내 몸과 같이 사랑하라.' - 마태 22장

'믿음·소망·사랑 그중에 제일은 사랑이라' - 고전 13장

두말할 필요도 없이 남을 사랑할 줄 아는 사람이 타인의 사랑도 받는다. 내가 어떤 태도로 타인을 대하느냐에 따라 타인이 나를 대하는 태도가 결정된다. 타인의 사랑과 존경을 받기 위한 가장 좋은 방법은 바

로 '나' 자신부터 실천하는 것이다. 지극히 간단한 이치지만, 사람들이 자주 잊어버리는 하나이기도 하다.

### 3. 도란도란 합창 소리

> 옹기종기 마을을 흐르는 물
> 생명을 살리는 맑은 물 아래
> 마을을 형성한 고운 아낙네
> 토닥토닥 방망이 울리는 아침
> 빨랫감 들고 나와 씻고 가는 여인
> 소근대는 속삭임 마음의 쉼터
> 싸고 있는 가슴을 열고 있다지
>
> 도심의 중앙 좁은 쉼터에
> 집집마다 들고 나온 대야 안에는
> 빨래랑 함께 담긴 담소 덩어리
> 희희낙락 웃어대는 입꼬리도
> 해님이 웃는 듯 밝아진다
> 마음의 소리로 울리는 방망이
> 옷감보다 깨끗한 자신의 마음
> 작은 행복함을 담아 가구려
>
> — 「괴정 빨래터」 전문

예부터 마을의 빨래터는 동네 아낙들이 모여 소소하게 담소를 나눌 수 있는 만남의 광장 역할을 톡톡히 해왔다. 자연스럽게 이야기하며 웃음꽃도 피우고 동네 사람 이야기도 하고 서로가 몰랐던 정보도 교환할 수 있어서 금상첨화가 아닐 수 없다.

유년 시절 우리 동네의 빨래터는 어땠을까. 이웃 댁 몇 나란히 구부려 앉아 빨래를 하고 있었을 것이다. 흘러가는 시냇물에 땀 절은 넋이 방울방울 두께로 흘러 도망가고, 도란거리는 물소리도 다정하게 소곤소곤 흐르며, 넋두리 같은 이야기 여인의 매서운 시집살이 이야기가 물방울 튀는 방망이 소리를 타고 가슴을 두드리는 듯하다.

위의 시를 읽고 나면 몸과 마음이 깨끗해지는 것을 느낄 수 있다. 빨래터의 깨끗한 물에 우리들의 헝클어지고 혼탁한 마음을 주무르고 쥐어짜면 우리의 마음도 순수해질 수 있지 않을까 하는 바람을 가져본다.

마음이 혼탁해지지 않으려면 어떻게 해야할까. 우선 마음속에 있는 불필요한 것들을 버리는 것이다. 불필요한 것들은 마음의 찌꺼기일 수 있다. 불필요한 것을 버리는 것도 일종의 마음의 정화를 위해 필요한 작업이다. 필요 없는 것을 버린다는 것은 새로운 것을 받아들이는 것과 이어진다. 마음을 청소하게 되면 서서히 인생의 흐름을 바꿀 수 있지 않을까. 내가 나에게 '나는 바뀔 수 있다', '나는 행복해 질 수 있다', '나는 사랑받기 위해 태어났다'고 스스로 말을 자주 건네다 보면 마음도 청결해짐을 느낄 수 있을 것이다.

    마음의 내비게이션
    차분한 초겨울의 문턱에서
    기온차를 정화하는 따뜻한 차 한 잔
    정갈한 맵시 가냘픈 몸매
    미소 가득한 표정과 두 팔
    영롱한 눈빛과 전이된 멜로디

    따라가기 바쁜 그대 목소리
    허공을 그리며 춤을 춰요
    거미줄 같은 음색 그리는 두 눈과 손

    심장을 두드리며 끌고 가는 표정
    화음의 장단에 환호하는 마음들

    제각각 음색으로 요리를 해요
    이리저리 끌려서 정화된 음색

정상에서 하산으로 곡선을 타고
일렁이는 바다처럼 파도가 되어
솟아나는 감정 흘러가는 마음소리

– 「노년의 합창」 전문

  초겨울의 고즈넉한 풍경이다. 나이 지긋하게 드신 몇 분 모여 차를 드시는 모습이다. 평화스럽다. 함께 모여 노래라도 하시는 듯하다.

  아름답게 나이 든다는 것은 무엇일까. 앞뒤 가리지 않고 살아오다 어느 날 문득 노년을 보내고 있는 자신을 발견하게 되는 현실과 마주하게 된다. 머리카락은 희끗희끗 반백이 되어 있고, 몸 따로 마음 따로 상태가 되어버렸다. 영원히 함께 있을 것 같던 자녀들도 하나 둘 품을 떠나버린다. 백년해로를 맹세했던 부부는 오랜 세월을 살아오면서 어쩔 수 없이, 자연의 섭리대로 서로를 바라보며 노년을 보내게 된다. 삶에 쫓겨 앞으로 고꾸라질 듯 앞만 보고 달려온 지난 세월, 이젠 아름다운 황혼을 위해 무엇을 해야 할 때인가. 나의 삶은 누구도 대신해 주지 않는다. 사랑하는 자식들도 해결해 줄 수 없다. 나의 생활을 스스로 개발하고 스스로 챙겨야 한다. 버킷리스트를 작성

해 보는 것도 좋다. 눈 덮인 산이면 더 좋겠지만 그냥 적당한 높이의 산의 정상에 올라 보라. 그리고 내 발아래의 세상에 대고 소리쳐 보라. 나, 잘 살아왔노라고.

흘러가는 물이 좋으면 강가에 앉아 낚시도 해 보자. 운동이 좋으면 어떤 운동이건 체력이 허락하는 한 뛰어 보기도 하고, 책을 좋아하면 열심히 책을 읽고, 특히 자신의 인생에 대해 글을 써 보자. 고전 평론가 고미숙 선생의 글쓰기 강의 내용을 살펴본다.

"읽는다는 것은 너무 거룩하고 신성한 일이고
쓴다는 것은 통쾌하고 유쾌한 일이다.
그 이치를 알면 몸과 마음이 다 건강해지고(養生)
죽음을 탐구할 수 있다.
구도(求道)를 하면 지금의 삶을 잘 살 수 있다."

가슴이 많이 아프겠지만 자식들에게 너무 기대하지 말자. 나의 몸에서 태어난 자식에 대한 정을 끊기란 오히려 죽음보다 힘들 수도 있다. 하물며 자식을 위해 자신의 죽음을 버리는 부모도 있지 않은가. 이러한 자식일진대 만약에 자식에게서 상처를 받거나 배신감을 느끼면 그것은 쉽게 치유되지 않기 때문이기도 하다. 자식들은 그들이 살아가는 삶의 방식이 따로 있다. "악처가 효자보다 났다"는 옛말을 기억하자. 부부간의 사랑을 되찾아 서로 따듯한 입김을 주고받으면 어떠한가. 불타는 사랑보다 겹겹이 쌓인 정으로 서로의 마음을 어루만지며 사는 것이 최선일 것이다. 그렇다 하더라도 자식들과 친척들을 멀리하지 말고 진정한 마음을 나누고, 함께할 벗이 있다면 당신의 노년은 화가 세잔이 그린 한 폭의 풍경화처럼 아름다울 것이다. 지금까지 살펴본 노희주 시인의 시편처럼 살면 노후가 행복할 것이다.

### 4. 오페라 무대가 올라가고 비가 내리고

짙어가는 가을 비내리는 아침
오페라 이야기 관람하는 날
신나는 빗소리에 발을 적시며
음율 리듬에 빠져가는 몸

도심 속 정원 풍겨오는 금목수
취하는 향기 젖어가는 마음
자연의 조화 감사하는 은혜

행복과 사랑이 응집된 날

고요하고 웅장한 작은 놀이터
각색의 예술가로 등장한 곳
삶의 생사를 가늠하는 표정
절절한 내공 휘날리는 무대

청아한 테너 흐르는 음색
바람으로 스며 역동하는 감성
정갈한 맵시 풍겨나오며
관중들 마음속 파고드는 가을 풍경

- 「오페라 이야기」 전문

음악은 신비로운 힘을 가졌다. 마음이 가뭄에 갈라진 땅처럼 지독히 건조할 때거나, 백 년 동안의 우울에서 빠져나오지 못하고 허우적거릴 때, 음악은 단번에 그러한 기분을 역전시킨다. 풍부하고 아름다운 음색으로 관객을 압도하는 오페라의 아리아를 들어본 적이 있는가. 예를 들어 푸치니의 3막 오페라 투란도트(Turandot) 중 칼라프 왕자의 아리아 '네순 도르마(공주는 잠못이루고)'를 들어보면 사람의 감정이 폭발하는 듯한 느낌을 받게 된다. 동시에 인간의 목소리가 저렇게 아름다웠는지를 알게 될 것이다. 또한 뭐라고 표현할 수 없는 선율로 우리의 귀를 끌어당기는 고전음악을 들어본 적이 있는가. 예를 들어 베토벤의 교향곡 '월광'을 들었을 때, 구름에 달 가듯이란 말을 실감하게 된다. 달빛이 스며드는 창문이라든지 달무리에 휩싸인 달을 떠올려 볼 수도 있겠다. 호세 카레라스, 플라시도 도밍고, 루치아노 파바로티 같은 세계적인 테너들이 모여 불러주는 극적이고 열정적인 오페라 아리아들이 창문 밖에서 들려오는 듯하다. 이와 같이 노희주 시인의 시편들도 음악이 되어 울려 퍼지고 있다.

  자숙해진 한밤중 토닥이는 빗소리
  잠자는 지구와 요동하는 밤하늘
  받은 열 온기에 살아나는 곤충들
  깊은 산 나무들 만족하는 흐뭇함

  저장한 수분 식물의 뿌리
  자연의 소리 함께한 우린
  보충된 건강 편해진 마음
  감사한 생명 만족한 희열

깊은 골짝 계곡 흐르는 음율
흙물 냄새 진동 향긋한 공기
세포들의 낙원 별개가 아닌
시원하고 편한 자연과 함께

- 「비 내리는 자정」 전문

 빗소리의 리듬도 일종의 음악이다. 세상을 떠날 때 빗소리를 들을 수 있는 귀는 남겨두고 떠나고 싶다고 말한 시인이 떠오르기도 한다. 비가 너무 많이 내려 홍수가 나면 안되겠지만 적당히 비가 내려 모든 생명체에 수분을 공급하는 비는 인간에게는 없어서는 안 될 자연의 가장 큰 혜택 중 하나이다. 비가 내릴 때 듣는 전용 음악도 있는 걸 보면 사람들이 비를 얼마나 선호하는지 짐작할 수 있다. 아마도 비가 가진 낭만성 때문인 것 같기도 하다. 왠지 모르게 비 오는 날이면 우산을 쓰고 거리를 걸으며 분위기 좋은 카페에 들러 커피라도 한 잔 해야 할 것 같고 기나긴 상념 끝에 터져 나온 생각들을 노트에 옮겨 적기도 할 것이다. 하지만 비 내리는 날에도 생업에 종사하는 사람들은 분주하기만 하다. 또한 비가 내리면 사람들이 가장 많이 하는 말, 파전이나 빈대떡 호박전 등을 부쳐 먹자는 이야기가 자연스럽게 나온다. '비 오는 날의 수채화'란 노래라도 부르며 공원이나 거리를 걷고 싶어진다. 비 오는 날 버스를 타고 버스 창문에 빗방울이 흐르는 모습도 운치가 있다. 한밤중에 내리는 빗소리를 들으면 누군가가 나에게 다가와 무슨 말을 속삭이는 듯하다.

## 5. 탄생과 정신적 지도자

    입자가 자라 물체가 되고
    살아 있는 모습 움직일 때
    또 다른 생명 씨앗이 되어
    영글고 익어 완숙이 되면
    새로운 생명이 탄생한다

    어둠을 밀어 떠오르는 태양
    환희한 맘 밝음과 같아
    탄생한 아가의 해맑은 미소
    두근거리는 가슴 떨리는 마음
    행복 주머니 가이 없어라

                        - 「탄생」전문

생명의 탄생이야말로 지상에서 일어나는 일 중에서 가장 신비로운 것이 아닐까. 탄생을 철학적 의미로 해석해 보면, 탄생은 인간의 조건을 넘어서는 초월을 추구하는 것이 아니라 모든 인간에게 이미 주어진 탄생이라는 조건으로부터 삶의 존재론적 의미를 되살리고자 하는 견해를 제시한다. 다시 말해 이는 한 인간의 최종적인 선고인 죽음으로부터가 아니라 한 인간에게 이미 주어진 탄생으로부터 삶의 현존성을 발견하고자 하는 것이다. 또한 탄생은 인간의 생명 탄생만을 의미하는 것은 아니다. 물론 자연의 탄생 속에 인간의 탄생도 포함되어 있다는 것을 인식하며 최초의 생명은 어디에서 탄생했을까 하는 물음도 가능할 것이다.

일설에 따르면 최초의 생명이 육지보다는 바다에서 생겨났을 것이라는 주장이 설득력을 가진다. 해양 환경은 여러 가지 면에서 육지 환경보다 안정되어 생물이 탄생하고 진화해오기에 유리하였을 것이다. 바다에는 생물의 중요한 구성요소인 물이 풍부하여 물 부족의 우려 또한 없다. 더불어 인간을 포함한 모든 동물이 물 속에서 초기발생을 한다는 점도 바다가 생명의 고향임을 시사한다. 원시 바다에 가장 처음 나타난 생명은 바다 속 유기화합물(일용품, 공업 제품, 의약품 따위의 소재로 쓰임)을 먹는 세포였다는 설도 있다. 유기화합물을 분해해 발생하는 에너지를 생명 활동에 사용되었다는 주장이다. 무엇보다도 떠오르는 태양을 바라보며 무한한 생명의 에너지를 느낀다.

    먼동이 트는 새아침의 비보
    세 수 96세로 원적에 드신 임인년
    베트남 출신 정신세계의 노장
    세계적 평화로 나누신 베풂

    1995년 한국 방문으로 뵙게 된 인연
    KBS 방송국 공개강좌 함께한 그때
    마음을 깨우는 생활 명상의 가르침
    조용한 말씀에 힘이 솟아나는 알림

    깨어 있으라 신체로 표현해라
    내면의 정신세계와 몰입하는 생활 습관
    생활화시켜 평온한 정신의 위력을
    알아차림을 강조하는 참 말씀을

    소리를 내면서 부르는 동작 노래

깨어남이여 깨어남이여 내 맘 깨어남이여
피어남이여 피어남이여 내 맘 피어남이여
행하는 말씀은 살아나는 참 생명 유지였다

– 「원적에 드신 틱낫한 스님」 전문

    티베트의 살아 있는 생불 '달라이 라마'라든지 비폭력의 신념을 강조하고 인도의 독립운동을 이끈 '마하트마 간디', 우리나라의 대표적인 선지식인 '성철 스님' 그리고 인용시의 주인공 '틱낫한 스님', 이들을 우리는 정신적 지도자라고 부른다. 우리가 사는 이 시대는 역사상 그 어느 때보다도 물질 문명은 발달하고 있지만 세계 곳곳에서 전쟁과 전쟁의 소문이 끊이지 않고 있는 실정이다. 최근에는 러시아와 우크라이나 사태로 전 세계가 전쟁의 공포를 실감하고 있다. 특히 러시아 군대는 우크라이나의 비옥한 농토를 초토화시켰을 뿐만 아니라 식량 수출길도 파괴했다. 남부 항구도시 마리우폴 봉쇄는 우크라이나 농민들이 전쟁 전에 수확해 둔 곡물을 수출하지 못하도록 하고 있다. 러시아의 곡물 수출 봉쇄는 아프리카와 중동 등 저소득 국가들의 식량난을 부추기는 '범죄행위'라는 전세계적 비난을 받고 있다.

이러한 사태는 민족과 민족이 살상을 멈추지 않고 또한 지진과 기근이 닥쳐올 것이라는 설에 더욱 무게감을 실어주고 있다. 인류의 미래에 어두운 그림자가 드리우는 상황이다. 어쩌면 지구의 위기라고 말할 수 있다.

오늘날 지구 행성은 스스로의 능력으로 인간을 우주 공간으로 보내고 외계 행성을 탐사하며 민주주의를 부르짖고 있지만 국제사회는 혼란의 연속이다. 이러한 대혼란은 새로운 세계적 정신적 지도자의 출연을 염원하고 있다. 인류 역사상 많은 변화기가 있었으나 그때마다 미래를 위한 새로운 질서는 항상 존재했었다는 것을 발견할 수 있다. 미래에는 구 체제의 역사는 해체되고 새로운 문명을 이끌어 갈 범세계적 정신적 지도자들에 의해서 새 역사를 완성해 나갈 것이다. 한두 사람의 정신적 지도자만으로는 거대한 미래의 위협에 대처할 수 없다는 결론을 내릴 수가 있겠다.

틱낫한(1926년 10월 11일~2022년 1월 22일)은 베트남 출신의 불교 지도자이자, 평화운동가였다. 생전 100권이 넘는 책을 낸 작가이기도 하고, 2000년대 초에 한국에 번역되어 출간된 《화》가 대표적으로 유명하다. 유럽·미국 등 서방 세계에 불교 교리를 전파하고 참여불교 운동을 전개하였다.

1960년대 초 미국 대학에 초청되어 불교 강의를 하였고, 이후 1963년 베트남에서 반전운동을 주도한 그는 남북 베트남 정부 모두 귀국을 거부하여 장기간의 망명 생활을 하였다.

1982년 프랑스 남부에 명상 공동체인 '플럼 빌리지'를 세웠다. 2005년 베트남 정부는 귀국을 허용하였고, 뇌졸중으로 병약해진 틱낫한은 2018년 베트남으로 영구 귀국하였다.(나무위키 참조)


### 6. 가족애과 하늘 희망

    도시의 빌딩 슬라브 3층 주택
    지나는 길가 펄럭이는 옷자락
    밀폐된 생활공간 콘크리트
    보기 힘든 도시 펄럭이는 가족애

    나부끼는 옷가지 가족을 말한 듯
    길고 짧은 소매와 나잉한 패션
    바라보는 형태 개성 있는 옷가지

말하는 자신감 힘차게 나부낀다

묻어 있는 에너지 하늘을 나르고
당당한 자태가 옷가지에 서려 있다
일터에 노력한 자신감
사방을 바라보며 펄럭이는 여유

세상의 따뜻함이 나부끼는 향수
하늘의 예술 같은 연출
보기 힘든 자연의 조화
사랑이 묻어나는 가족애가 펄럭인다

— 「빨랫줄」 전문

 아파트로 가득한 주택 공간 속에 겨우 자리하고 있는 독립 주택이다. 시적 화자는 발랫줄에 걸려 있는 빨래를 바라보며 가족애를 떠올리고 있다. 흥미롭고도 탁월한 발상이다. 발랫줄의 빨래들이 아기자기 붙어서 펄럭이듯이 가족은 서로가 몸을 부비며 붙어 살아가고 있다. 가까운 사이라도 떨어져 살면 남남이 되기 쉽다. 눈에 보이지 않으면 멀어진다는 말도 있지 않은가. 힘차게 펄럭이는 빨래는 에너지가 가득하다. 역동적이다.

최근에 개봉한 영화 중에서 미국영화 코다(CODA, 2021)를 본 적이 있다. 코다는 청각 장애를 가진 부모 사이에서 태어난 청인 자녀 루비가 주인공이다. 친숙하게 마일스를 따라 합창단에 가입하게 되면서 자신의 재능을 발견하게 되고 자신의 꿈과 현실 사이에서 갈등하게 된다. 고등학생인 루비는 농아인 부모님과 오빠의 눈과 귀가 되어 주고 대변인이 되어 함께 일을 한다. 우연히 들어갔다가 선생님으로부터 음악에 재능이 있으니 음대 진학 가능성의 얘기를 듣고 선생님께 수업을 받는다. 여러 가지 우여곡절 끝에 루비는 대학에서 오디션을 보게 된다. 오디션장에 가족은 들어갈 수 없지만 코다의 가족은 거침없는 돌발행위로 들어간다. 이때 가족들을 본 루비는 수화로 노래를 부른다. 그러면서 이전의 일들이 파노라마처럼 펼쳐진다. 이 장면이 감동적으로 다가왔다. 뭐라 말로 표현할 수 없는 가족의 끈끈한 사랑을 느꼈다. 가족끼리 얽히고설키고 하면서 갈등을 빚을 때도 있지만 결국 그들은 빨랫줄의 빨래들처럼 함께 펄럭이며 행복하게 살아간다.

단풍을 바라보니 비치는 쪽빛

숨어 있는 하늘 궁금한 마음
떠 가는 구름 친구 같은 바람
그리운 생각 청명한 하늘인데

간간이 트집 잡아 호통치는 비바람
세상을 흔들어 요동하는 태풍
몰아친 거센 힘 누구도 못 막는다
안절부절 생명이 하늘을 원망하니

순간을 참고 나면 온화한 가슴 같아
희망 주는 푸른 하늘 젊음의 용기
끝없이 보내 주는 하늘 마음 알고 싶어
나 죽어 환생하면 하늘 맘 알까나

─「하늘 마음」전문

  위의 시는 노희주 시인의 시편의 주제를 관통하고 있는 시이다. 따라서 그의 모든 시편들은 단풍이 물들어가는 것처럼 예쁘게 물들어가는 세상을 꿈꾸는 시들이다. 떠가는 구름 속에 그리운 이들의 얼굴이 스며 있는 시들이다. 삶이란 태풍 속에서는 서로가 손잡고 역경을 이겨나가자는 시들이다. 푸른 하늘 희망을 끝내 놓지 않고 행복한 인생을 살고자 하는 시들이다. 끝없는 긍정의 힘이 읽는 이들의 가슴에 스며들어 쓰러지지 않는 용기와 힘을 주는 선지자의 말씀과 같은 시들이다. 아름답고 사랑스러운 시들이다.

## 꽃잎 얼굴

**초판인쇄 |** 2022년 7월 20일
**초판발행 |** 2022년 7월 25일
**지 은 이 |** 노희주
**펴 낸 곳 |** 빛남출판사
**등록번호 |** 제 2013-000008호
　　　　　T.(051)441-7114　F.(051)244-7115
　　　　　E-mail.wmhyun@hanmail.net

ISBN 979-11-88539-68-0 (03810)

값 10,000원.

ISBN 979-11-88539-68-0